L'IMPOT

ET LA

LÉGISLATION DES PATENTES

EN 1873

PAR M. PAUL COQ

Ancien Membre du Conseil de l'Ordre des Avocats à la Cour de Bordeaux,
Membre de la Société d'économie politique

PARIS

GUILLAUMIN ET Ce

ÉDITEURS DU DICTIONNAIRE DE L'ÉCONOMIE POLITIQUE,
DU DICTIONNAIRE DU COMMERCE ET DE LA NAVIGATION,
DU JOURNAL DES ÉCONOMISTES, ETC., ETC.

1873

L'IMPOT

ET LA

LÉGISLATION DES PATENTES

EN 1873

PAR M. PAUL COQ

Ancien Membre du Conseil de l'Ordre des Avocats à la Cour de Bordeaux,
Membre de la Sociét d'économie politique.

PARIS

GUILLAUMIN ET Cie

ÉDITEURS DU DICTIONNAIRE DE L'ÉCONOMIE POLITIQUE,
DU DICTIONNAIRE DU COMMERCE ET DE LA NAVIGATION,
DU JOURNAL DES ÉCONOMISTES, ETC., ETC.

1873

AU LECTEUR

Cette étude emprunte aux circonstances un vif intérêt.

Nous croyons que ce court précis, qui touche à un ordre de faits trop peu connus, répond au sentiment de profonde surprise qui s'est emparé du Commerce tout entier lors de la distribution des rôles de la patente.

Cette impression dure encore.

Elle s'explique surtout par ce fait que, chez la plupart des patentés, il en est peu qui aient pu mesurer du premier coup la portée des charges nouvelles qu'on leur imposait.

Rien de plus naturel, rien de plus utile dès-lors que de chercher à faire ici la lumière.

C'est le résultat auquel on tend, aidé de données, de faits précis puisés à la source.

L'impôt de la patente pesait déjà d'un poids trop lourd, et du reste inégal sur les patentables. Les aggravations qui sont venues s'y joindre exagèrent à beaucoup d'égards et dans plus d'un cas la pensée du législateur.

C'est là ce qui ressortira de cet écrit pour tout esprit sans prévention.

P. C.

Paris, 4 mai 1873.

L'IMPOT

ET

LA LÉGISLATION DES PATENTES

EN 1873

LES CONTRIBUABLES DOIVENT ÊTRE ÉGAUX DEVANT L'IMPOT

« Ce qui blesse le plus en matière d'impôt, c'est lorsque celui qui débourse son argent a le sentiment qu'il le débourse POUR UN AUTRE qui devrait légitimement payer à sa place. »

(M. MAGNE. — 13 juillet 1872. Séance de l'Assemblée nationale.)

§ I

Etat de la question.

Une loi du 16 juillet dernier porte « qu'en sus des centimes généraux » qui correspondent « au principal » de la contribution des patentes à titre de centimes additionnels, il sera perçu—*pour l'année* 1873—60 centimes. De 10 8/10es, le nombre de ces centimes était ainsi porté à 70 8/10es, c'est-à-dire septuplé.

Seulement, à la différence de ce qui a lieu en matière d'imposition directe, l'on exceptait de cette addition de taxe certains patentés. C'est ainsi que l'article 2 affranchit de ces 60 centimes, d'une part, les 7e et 8e classes imposées, « eu égard au chiffre de la population », et en second lieu, ceux dont la patente « au principal » n'excède pas 8 francs.

Ce n'est pas tout.

Avant que le législateur eut ainsi grevé par plus de 50 0/0 du « principal » de la patente une classe presque entière de contribuables, la loi du 29 mars était venue aggraver la condition de la plupart d'entre eux en faisant que l'impôt pesât plus que jamais sur le Commerce et sur l'Industrie. Voici en quoi consistent des modifications qui n'avaient, du reste, provoqué chez les intéressés aucune plainte. C'est un témoignagne que n'hésita pas à leur rendre en ces termes l'honorable rapporteur de la loi proposée :

« Vous savez, est-il dit au cours du rapport, que le Commerce et l'Industrie annoncent *hautement* l'intention de contribuer pour une forte part aux charges extraordinaires qui pèsent sur le pays. »

Les nouvelles dispositions formulées par cette loi du 29 mars peuvent être ramenées aux points ci-après :

1° Contrairement à des dispositions qui avaient déjà aggravé, de ce chef, la condition de l'industrie, le patenté possédant « plusieurs établissements, boutiques ou magasins » de toute nature devra, « quelle que soit la classe ou la catégorie » à laquelle il appartient par sa patente, acquitter le « droit entier » par chaque établissement, au lieu du « demi-droit. »

D'où ici l'impôt « doublé. »

2° A l'avenir, plus de *maximum*, c'est-à-dire plus de limite assignée au droit *fixe* établi en raison du nombre « des instruments de production », ouvriers ou machines. Par exemple, une fabrique d'épingles emploie plus ou moins d'ouvriers. Si le nombre n'excède pas 10, le droit

« fixe » sera de 25 francs, aux termes d'une loi qu'on peut dire ici organique et qui date de 1844. Que ce chiffre de 10 ouvriers soit dépassé, les 25 francs devront se grossir de 3 francs par ouvrier. Seulement, le jour où le droit atteindrait 300 francs, la fiscalité s'arrête. 300 francs, voilà, quel que soit d'ailleurs le nombre des ouvriers, voilà la limite du droit, en d'autres termes, son « maximum. »

Désormais, il n'en saurait plus être ainsi. Par l'abolition de ce maximum, l'impôt est devenu strictement proportionnel. Il y aura bien toujours « un minimum » pour 10 et un moins grand nombre d'instruments de production ; mais le droit fiscal est illimité par en haut.

Cette modification aura, pour l'industrie manufacturière notamment, une grande portée. Voici cependant qui doit en aggraver encore le poids.

3° Le droit ne perd pas seulement son caractère de « fixité » relative; cette même loi y ajoute en décrétant qu'il sera surhaussé « d'un cinquième. »

C'est ce qu'établit l'article 2, lequel vise spécialement un tableau, le tableau C, où, sans égard au chiffre de la population, comme dans les classements A et B, on part d'autres bases pour l'établissement de la patente. Le motif de ce « surhaussement » est pris de ce que les droits dits « proportionnels » et qui partent généralement de la valeur locative, seraient en ce moment « assez peu élevés » eu égard aux conditions nouvelles de l'industrie, pour qu'on puisse exiger d'elle ce nouveau sacrifice.

De là, en l'endroit de la fiscalité qui frappe les « instruments de production » et qui pesait déjà d'un poids si lourd sur la fabrique, une double aggravation, soit qu'on regarde « au maximum, » soit qu'il s'agisse de tarifs surhaussés « d'un cinquième. »

Par exemple, un fabricant d'encre ou de crayons, de colle forte qui emploie 5 ouvriers au plus, payait un droit *fixe* de 25 francs, soit 5 francs par tête. Il payera désormais 20 0/0 en sus, soit 30 francs. Que si 3 ouvriers ont jusque-là suffi, leur salaire sera rendu plus lourd de 1 franc 65 par tête. Et comme le droit « fixe » s'est changé par l'effacement « du maximum » en droit « proportionnel ;..» que suivant le langage du rapport, ce droit est même « indéfiniment » proportionnel, chaque 3 francs en sus devra s'accroître de « un cinquième. » — Ou la loi ne veut rien dire, ou c'est à cela qu'elle conduit.

4° Passant de ces droits prétendus « fixes » au droit assis sur la valeur locative, le législateur élève du 20e au 15e et du 15e au 10e de cette valeur le droit y afférant pour certaines classes de patentés. Tel est l'objet de l'article 4 qui s'occupe des tableaux A et B.

Ces tableaux partent, on le sait, pour la partie fixe de la patente du chiffre de la population. C'est ce qui les distingue du tableau C et de catégories à la suite traitées d'ailleurs distinctement. — Sous ces lettres A et B figurent avec le gros, le demi-gros, le détail, les agents de change, banquiers, commissionnaires de marchandises, négociants, courtiers, ainsi que certains entrepreneurs. Le tableau A comprend à lui seul un nombre de patentés qu'on évalue à 1,150,000 sur moins de 1,500,000. C'est la partie consistante, l'élément actif et vraiment riche de la matière commerciale imposable. C'est cette masse qu'est venue particulièrement atteindre, sauf les 7e et 8e classes, l'addition de 60 centimes dont la loi du 16 juillet dernier grèvera la patente après ce qu'avait fait ici la loi du 29 mars.

Il convient d'ailleurs de dire, pour ce qui est de la conversion du 15e en 10e et du 20e en 15e de la valeur locative, que cela porte particulièrement sur les trois premières classes du tableau A et sur le tableau B. Le commerce de gros payera donc ici moitié plus qu'avant, de même que le négoce proprement dit. Mais comme on se réfère à des lois qui ont modifié déjà ces mêmes tableaux, cette disposition a une toute autre portée. Certains établissements, par exemple, furent distraits de la lettre C pour passer aussitôt dans le tableau B. Tels sont les magasins de vente de vêtements et ceux qui tiennent plusieurs espèces de marchandises.

Quant aux 2e et 3e classes de cette lettre A, le droit qui part de la valeur locative sera donc à l'avenir, non plus du 20e, mais du 15e. C'est 33 0/0 de plus venant affecter indistinctement le gros, le demi-gros, le détail même qui sont ici mêlés et confondus. Cette partie de la patente est de beaucoup la plus lourde puisque le droit monte ici à mesure que le prix du loyer augmente. C'est ce qui répond au droit « proportionnel. » — Le jour où notamment les centimes additionnels viennent s'ajuster avec le principal à concurrence de plus de trois cinquièmes, cette vérité devient particulièrement sensible.

Il convient, en effet, de faire observer que ce n'est pas seulement une addition au principal de 60 mais de 63 centimes qui pèsera sur l'exercice 1873. Ces 3 centimes d'excédant doivent tenir lieu de l'accroissement de droit de timbre dont sont passibles, en vertu d'autres lois récentes, soit les livres de commerce, soit les formules des patentables. Ceci ressort de la loi de finance relative au présent exercice.

Il résulte de cela, comme addition au principal, un nombre de centimes, non plus de 57 centimes 128, chiffre d'auparavant, mais bien de 1 franc 209, soit 121 centimes en totalité.

Ce résultat dépasse, on n'en saurait douter, ce que pouvaient s'en promettre les auteurs des deux lois dont on vient de donner un aperçu. Ce qui se passe en ce moment même le prouve.

I

Le commerce et l'industrie devant l'impôt.

Si la loi du 29 mars avait modifié seule l'état antérieur ; si, après avoir converti « en droit entier » le demi-droit qui frappe plusieurs établissements ou magasins exploités par le même industriel, le législateur s'était contenté d'abolir « le maximum » en même temps qu'il ajoutera par ailleurs au droit fixe et au droit proportionnel, le surcroît de charges résultant de ces divers changements se serait sans doute fait sentir chez un ordre de patentés plus nombreux, au surplus, qu'on ne semble le croire. Mais il est des heures, — et le moment où nous sommes est une de ces heures, — où l'intérêt privé est prêt à tous les sacrifices. C'était le cas dans l'ordre industriel tout entier, et l'on sait que là, de même qu'ailleurs, chacun était disposé à accepter en silence un accroissement de taxes jugé nécessaire.

C'est ainsi qu'on peut voir dans ces régions si généralement actives d'où partent chaque jour des perfectionnements, des progrès qui sont l'honneur et la force du pays, se formuler maint projet d'impôt atteignant d'une façon spéciale la production industrielle. Celui qui prit pour base par 160 millions le chiffre des affaires, et cela au lendemain de l'établissement de taxes mises spécialement à l'adresse du commerce, montre combien était sérieux « l'engagement » de contribuer qu'on prenait un jour au nom de cette classe de producteurs.

Mais cet engagement, dans la pensée de ceux qui le formulent, n'est pas « illimité. » Il ne devra pas surtout être « isolé » et comme restreint à une classe de contribuables.

L'impôt n'est légitime qu'à la condition de peser d'un poids égal sur les imposables. C'est par dessus tout, comme le mot lui-même le dit, « une contribution. » Cette contribution, pour rester juste et ne pas prendre un caractère « disproportionnel, » doit se mesurer à ce que chacun PEUT en prendre eu égard aux besoins publics et suivant le temps.

Le moment est venu d'examiner jusqu'à quel point la législation qu'on vient d'analyser garde en dernier lieu un juste et nécessaire équilibre.

On sait que par une vue en finances des plus ingénieuses, dans la bonne acception du mot, l'imposition directe comprend deux éléments. C'est, d'une part, « le principal » de l'autre et par voie d'accession, ce qui constitue une taxe complémentaire. Cette addition au principal de l'impôt forme ce qu'on nomme « les centimes additionnels. » C'est comme une imposition à niveau mobile qui, s'accommodant aux circonstances, permet de solder des services plus ou moins urgents, plus ou moins fixes, mais que le principal de l'impôt serait impuissant à satisfaire.

Cette addition sera plus ou moins forte, mais elle est généralement modérée et doit se tenir dans de justes bornes. Elle disparait un moment pour reparaître un peu plus tard ; elle affecte tel ou tel fonds d'impôt ou pèse d'un poids inégal sur les quatre contributions directes selon qu'il s'agit de pourvoir à des nécessités d'ordre « général » ou seulement « spécial » intéressant tour à tour l'Etat, le Département, la Commune. Bref, on peut dire de ces centimes additionnels qu'ils ont cet avantage, étant bien ménagés, de constituer à l'endroit de l'imposition directe un excédant de ressources toujours disponible et parfaitement approprié aux circonstances.

Le cadre est fait, le terrain préparé, le fonds est riche autant que varié, les agents bien dressés, l'appareil, enfin, heureusement conçu, fonctionne depuis 80 ans avec une régularité parfaite. Que ce mécanisme soit touché d'une main experte; que les centimes additionnels se portent à propos ici ou là suivant le besoin sans qu'on ait lieu de craindre qu'ils s'égalent « au principal » — ce qui serait faire mentir la théorie en portant le trouble dans l'ordre financier tout entier, — et l'on peut dire que ce supplément de taxe sera, dans l'occasion, d'un prix inestimable en même temps qu'il se fait aisément accepter du contribuable.

Est-ce bien là le spectacle offert au pays en dernier lieu? Peut-on dire, par exemple, que les nouveaux centimes additionnels, mesurés à ce que la circonstance exigeait, pèsent d'un poids égal sur les quatre contributions directes? Cela ne s'accordait pas seulement avec la tradition ; là où le malheur des temps voudrait qu'on ajoutât notablement au revenu public, il semble que l'impôt eût dû ici faire appel à chacun et qu'il eût trouvé les dévouements tout prêts.

D'autre part, envisageant les choses d'un point plus élevé, peut-on dire que cette addition au principal procède avec la mesure accoutumée? S'agit-il seulement de 5 ou 10 centimes ajoutés à une seule et même contribution? L'on sait que dans ce système, le maximum flotte entre 20 et 25 centimes, la loi trouvant là une marge plus que suffisante. Cela sera encore plus vrai le jour où les quatre contributions directes supporteront ensemble cet excédant de charge.

Lorsqu'en 1850, pour ne citer qu'un fait qui est dans plus d'une mémoire, la propriété foncière était déchargée de 17 centimes additionnels, ce dégrèvement se traduisit par 27 millions sur un chiffre total de 284 millions. On voit par là de quel secours auraient pu être 25 ou 30 centimes s'ajoutant au principal des quatre contributions.

Leur chiffre allant à 313 millions, c'eût été s'assurer un excédant de ressources de 80 millions, chiffre fort supérieur à ce qu'on obtient dans un autre système.

Nul n'aurait, enfin, songé à se plaindre de cette aggravation de charges. Non-seulement nul ne se fût plaint, mais du plus modeste au plus riche imposé, tous s'y attendaient, tant la France porte loin, à certaines heures, le sentiment exact des situations avec la résolution d'y faire face.

Au lieu de cela que fait-on ? L'on procède par un choix unique, anormal, autant qu'il est excessif. On ajoute aux 10 centimes 8/10es qui grèvent déjà la patente à titre « de centimes généraux, » 60 centimes de façon à septupler de ce fait seulement le poids de l'accessoire. Ainsi, de 51, nombre des centimes additionnels de toute nature existant pour 1871, leur chiffre total dépasse par 121 centimes « le principal. » — Voilà donc d'un seul coup sur une des quatre contributions directes exclusivement l'accessoire faisant plus « qu'égaler » le principal.

Il faut remonter de plus de soixante ans en arrière pour voir les patentes à ce point chargées. Mais si le Commerce et l'Industrie eurent un jour à supporter pareil fardeau, ils ne furent pas SEULS ici imposés. La part qui était faite aux autres contribuables témoigne de la nécessité de cette charge en même temps qu'elle est un hommage au sentiment d'égalité qui unit étroitement ensemble les enfants d'un même pays et qui fait sa force.

Contrairement à cette maxime, chacun pourra donc lire en marge des avertissements délivrés aux patentés pour 1873, en ce qui touche notamment Paris, la mention suivante :

NOMBRE DE CENTIMES ADDITIONNELS
AU PRINCIPAL
DE LA CONTRIBUTION DES PATENTES

1 fr. 20928 (1).

Déjà, pour 1872, le nombre de ces centimes dépassait 57; ce chiffre est donc plus que doublé d'une année à l'autre. — Voici, d'ailleurs, comment se traduit cette augmentation pour les diverses classes d'industriels de la capitale.

On sait que la législation des patentes part dans ses classifications de bases essentiellement différentes pour établir l'impôt. Il y a par exemple les patentés du tableau A qui acquittent un droit « fixe » basé sur la population. Cela forme huit classes, suivant que la commune est peuplée de plus de 100,000 âmes ou de moins de 2,000. — Puis vient le tableau B, lequel part, outre la population du genre de commerce : là sont les banquiers et agents de change, le négoce proprement dit. — Enfin, et à la suite, on a rangé sous la lettre C tout ce qui tient à la fabrique et à l'industrie, sans regarder au chiffre « de la population. » C'est le nombre *des instruments de production* qui sert de base à un droit « fixe », de sa nature progressif et qui n'aura de la fixité que l'apparence.

Si l'on ajoute à ce détail nécessaire pour bien comprendre ce qui va suivre, que le patentable devra compter en outre, avec un droit « proportionnel » basé sur le prix

(1) Les départements ne sont pas, comme on pourrait croire, mieux traités. La patente peur la ville du Havre donne comme centimes additionnels 1.3998. C'est-à-dire que Paris est dépassé d'environ 20 centimes.

du loyer ou valeur locative, proportion qui varie du quinzième au quatre-vingtième de cette même valeur, on aura une idée assez exacte de l'économie générale de la loi au point de vue des charges qu'elle fait peser sur une classe *relativement peu nombreuse* de producteurs.

Voici comment ce qui représente dans le tableau A la partie moyenne de la patente se trouve atteint par l'addition de charge qui résultera successivement des lois du 29 mars et du 16 juillet 1872. Il convient ici de mettre l'état actuel en regard de ce qui avait lieu en 1871, c'est-à-dire avant cette augmentation d'impôts :

TABLEAU *A*.

Quatrième classe. — Boucher.

LOYER : 1,400 FR.

1871. Principal de la patente..	145 »	220 »	Différence en plus 45 0/0.
51 centimes additionnels	75 »		
1873. Principal.............	145 »	342 »	
1.209 cent. additionnels	175 35		

Cinquième classe. — Epicier en détail.

LOYER : 2,100 FR.

1871. Principal.............	155 »	235 17	Différence en plus 45.54 0/0.
Centimes additionnels..	80 17		
1873. Principal.............	155 »	342 44	
Centimes additionnels..	187 44		

Sixième classe. — Coiffeur.

LOYER : 2,400 ET 2,600 FR. (1)

1871. Principal	160 »	242 75	Différence en plus 54.54 0/0.
Centimes additionnels	82 75		
1873. Principal	170 »	375 58	
Centimes additionnels	205 58		

Septième classe. — Brocheur qualifié relieur.

LOYER : 1,000 FR.

1871. Principal	45 »	68 27	Différence en plus 45.58 0/0.
Centimes additionnels	23 27		
1873. Principal	45 »	99 41	
Centimes additionnels	54 41		

Huitième classe. — Charbonnier ou petit détail.

LOYER : 650 FR.

1871. Principal	28 25	42 86	Différence en plus 46.55 0/0.
Centimes additionnels	14 61		
1873. Principal	28 25	62 41	
Centimes additionnels	34 16		

L'on a dû par un double motif laisser ici provisoirement à l'écart les trois premières classes. — D'abord, c'est la partie la moins nombreuse, et de beaucoup la moins productive pour le Trésor, toute proportion gardée. Mais l'on est en outre guidé par cette circonstance que le droit « proportionnel » basé sur la valeur locative est resté le même pour les classes ci-dessus notées. C'est

(1) Cet accroissement de valeur locative provient non d'une extension de local, mais de ce que le bail dut être enregistré.

seulement, on le sait, dans les trois premières classes que ce droit s'est aggravé, en passant du 15e au 10e et du 20e au 15e. Il faut donc distinguer

On peut déjà voir que par l'effet des centimes successivement accrus, de 1871 à 1873, ce n'est pas seulement de 60 c. au principal que se trouve surchargée la patente en 1873, mais bien de 69, ce qui en élève le nombre à 121. De là vient que l'excédant de charge répond en moyenne à plus de 45 0/0 du chiffre de l'impôt qui existait auparavant.

Autre notable détail. Plus l'industrie est modeste, plus elle confine par cela même au détail infime, — plus il semble qu'elle se ressente de cet excédant de taxes. C'est ainsi que la 8e classe souffre d'une augmentation de 46 1/2 0/0, tandis que la 4e arrive à peine à 45 0/0.

Si au lieu d'opérer sur la patente entière, principal et centimes additionnels s'ajoutant ensemble, l'on se fût attaché « au principal » exclusivement, cette aggravation ne ressortirait plus à 45, mais bien à 66 0/0. Qu'on se figure, à ce compte, l'impôt foncier forcé en recette, non plus seulement de 45 0/0, mais de plus de 60 0/0 « du principal. » Voilà par exemple une cote de 500 francs; eh bien, elle devrait acquitter dorénavant 833 fr. 33 c. Un peu plus loin, le propriétaire imposé « au principal » pour 380 francs ne serait pas quitte à moins de 633.33, soit plus des 3/5es en sus.

Croit-on que cela ne se ferait pas sentir dans ces régions autrefois dégrevées de 17 centimes?

Assurément, les 30 à 35,000 cotes immobilières qui flottent entre 500 et 1,000 francs, verraient là une charge relativement lourde. Pour celui qui le paye, l'impôt « est toujours l'impôt. » Cela n'est pas moins vrai pour l'atelier industriel que pour l'atelier agricole laissé ici tout à fait à l'écart.

Tel est l'effet de la double aggravation qui résultait des lois décrétées coup sur coup en 1872.

Ce qu'il faut enfin noter, c'est que les diverses classes appartenant à la lettre A sont, pour Paris notamment, ici atteintes. L'on n'excepta, en effet, de ces 60 centimes additionnels que deux catégories de patentés. Ceux, en premier lieu, qui appartiennent aux 7e et 8e classes dans les communes « de 20,000 âmes et au-dessous. » D'où l'on voit qu'un grand nombre de villes ne sauraient bénéficier d'une telle exemption, et puis, enfin, l'on affranchit les patentables, « dont les droits au principal n'excèdent pas 8 francs, » et qui figurent par leurs professions dans des tableaux « autres » que le tableau A. Comme il est facile de s'assurer que « le principal » (ce qui comprend le *fixe* et le droit *proportionnel* ressort à plus de 8 francs dans les communes de 5 à 10,000 âmes, on peut dire que l'exemption profite ici à un nombre relativement minime de patentés.

A Bordeaux, Toulouse, Nantes, le Havre, à Lille enfin, le moindre droit « fixe » atteint 10 francs.

Voici maintenant ce qui se passe pour les autres catégories de patentables.

Prenons le commissionnaire en marchandises compris au tableau A. Le droit fixe pour Paris monte à 400 francs. Mais le droit proportionnel, assis sur la valeur locative, vient de subir, par l'effet de la loi du 29 mars, une forte aggravation. Il n'est plus, comme avant, du 15e du loyer, mais bien du 10e. D'où, avec les 69 nouveaux centimes qui sont venus depuis 1871 s'ajouter « au principal, » une double charge comme suit :

LOYER : 2,000 FR.

Année			Total	
1871.	Droit fixe.............	400 »	809 16	En plus : 516 fr. 30, ou 63.77 0/0.
	Droit proportionnel, 15e	133 33		
	Centimes additionnels..	275 83		
1873.	Droit fixe.............	400 »	1.325 40	
	Droit proportionnel, 10e	200 »		
	Centimes additionnels..	725 40		

Mais poursuivons. Aussi bien le moment n'est pas venu de discourir de ces différences.

Occupons-nous maintenant du magasin classé sous la lettre C. C'est une catégorie où, sans égard au chiffre de la population quant au droit « fixe, » on part des instruments de production. En ce qui touche le droit « proportionnel » basé comme aux tableaux A et B sur la valeur locative, ce droit va du 15e au 80e pour l'établissement industriel. Puis, à côté de cela, il existe un autre droit « proportionnel » du 20e portant « sur la maison d'habitation. »

Simplicité et fiscalité ne vont pas souvent de compagnie. De là d'assez nombreux procès.

Rappelons, d'ailleurs, qu'ensuite de révisions opérées postérieurement à 1844, quelques établissements sont passés du tableau C au tableau B, ce qui est venu aggraver leur condition première à l'endroit de l'impôt. C'est ce qui arrivait notamment au magasin occupant plus de cinq personnes dans la nouveauté, l'habillement, aux termes des modifications que les lois de 1850 et 1858 apportèrent au régime de la patente.

Prenons par exemple le magasin « tenant plusieurs espèces de marchandises » et qui passait en 1850 de la lettre C à la catégorie B, tout en gardant ses premières attaches, quant au droit « fixe. » Ce dernier droit, basé sur le nombre de personnes « habituellement » employées, vient d'être changé, on s'en souvient, par l'effacement du « maximum » en droit strictement « proportionnel. » De là, deux droits proportionnels et plus de droit « fixe. » Mais laissons là ces choses, pour suivre l'impôt à l'œuvre, aux deux époques qu'il faut ici, comme toujours, comparer. Nous détaillerons, pour plus de clarté, les éléments dont se forme « le principal. »

LOYER : 15,000 FR.

1871. *Droit fixe:* 12 commis à 25 fr. l'un.......	300 »	1.972 36		En plus : 2.005 64 ou 101.67 0/0.
Valeur locative, 15e..	1.000 »			
Centimes additionnels	672 36			
1873. Droit fixe : 12 commis comme ci-dessus...	300 (1)	3.978 »		
Valeur locative, 10e..	1.500			
Centimes additionnels	2.178 »			

Ce n'est plus, on le voit, 45 ou même 63 0/0 en sus qui mesure ici l'aggravation d'impôt. Cet impôt sera plus que doublé. Tel est l'effet d'une législation qui, après avoir accru de moitié le droit basé sur la valeur locative, ajoute presque aussitôt 60 centimes « au principal. » A ce compte, on fit plus que tripler les centimes dits « additionnels. » De 672 fr. le droit montait à 2,178 de ce ce chef seulement.

Voilà ce qu'aura produit l'action géminée de légalités qui, se superposant, se greffant l'une sur l'autre, amènent des écarts dont l'industrie elle-même s'étonne.

Comment comprendre, en effet, que dans le système de ces nouveaux centimes le droit sur la valeur locative accru de moitié puisse finalement se traduire en un impôt plus que double? Ce sera d'une part 500 fr. en sus de droit locatif, dans l'espèce ci-dessus exposée. Si l'on grossit ce chiffre du nombre de centimes portés en dernier lieu à 121 au lieu de 51.72, l'on arrivera à une surcharge en somme de 1,105 fr., soit 3,077 36 et non d'environ 4,000 fr. C'est beaucoup, sans doute, qu'un accroissement de plus de 50 0/0, mais cela diffère du simple au double avec les 3,978 fr. ci-dessus relevés.

(1) La loi du 29 mars ayant surhaussé ce droit « d'un cinquième, » il est difficile de s'expliquer le maintien du chiffre de 25 fr. par personne.

Ceux-là qui raisonnent ainsi commettent une double erreur. Ils oublient d'abord que les 121 centimes n'engagent pas seulement à concurrence de 500 fr la valeur locative. Cela porte sur l'entier chiffre de 1,500 fr. Mais où l'erreur est bien autrement grande, car on peut dire qu'elle est commune même chez les patentés, c'est qu'on raisonne ici sur l'un des éléments « du principal » exclusivement, alors que ces éléments sont doubles. Tandis que ceux-ci croient de très bonne foi que « le principal » est adéquate « au droit fixe, » ailleurs on raisonne sur le droit « proportionnel » seul, et l'on néglige « le fixe » qui implique un nombre de centimes additionnels mesuré à son importance.

Ainsi, les 69 centimes additionnels « au principal » n'ont pas seulement ajouté au chiffre de la portion du droit proportionnel exprimant par 1,500 fr. la valeur locative; ce n'est là qu'un des deux éléments « du principal. » Ces centimes ont aussi agi sur « le fixe. » De là, 1,800 fr. au lieu de 1,500. Voici par le détail l'opération :

Principal :	Droit fixe.........	300 fr.	
	Droit proportionnel	1.500	au lieu de 1.000 fr.
1.209 centimes additionnels.......		2.178	
	Somme égale.....	3.978 fr.	

D'où chacun peut voir ce que produit « une addition » de centimes « au principal » alors qu'on a déjà fait varier « l'un des deux termes » par plus de moitié en sus. Si cette conséquence a pu tromper plus d'un esprit pratique, l'illusion fut courte. Ceux qu'une simple addition de 60 centimes avait quelque peu émus furent autrement impressionnés à la vue des rôles qui leur révélaient dans sa vérité cette situation nouvelle.

Cela montre l'avantage qu'il y a, dans des matières d'accès particulièrement délicat, à opérer d'un seul coup et à la même heure pour s'arrêter à une solution

« unique. » C'est en suivant le système contraire, c'est en procédant distinctement qu'on arrive, par exemple, à des aggravations de droit devant lesquelles tout esprit impartial et éclairé aurait certainement reculé.

La plus choquante inégalité résulte, au surplus, de ce mode de taxation dans la pratique. L'habillement qui, après les combustibles et l'alimentation, tient tant de place dans les consommations journalières, est frappé de droits qui dépassent de plus de cent pour cent l'impôt ancien. En ce qui touche les patentés de la troisième classe, voici enfin ce qui ressort du recouvrement de l'impôt aux deux époques dont on s'occupe :

TROISIÈME CLASSE — LOYER : 6,000 FR.

1871.	Droit fixe..........	100 »	606 88	En plus, 82 0/0.
	Valeur locative, 20e..	300 »		
	Cent. additionnels...	206 88		
1873.	Droit fixe..........	100 »	1.104 50	
	Valeur locative, 15e.	400 »		
	Cent. additionnels..	604 50		

Pourquoi une différence de 20 0/0 entre des industries que mesurent bien plus exactement qu'on ne le croit les mêmes bénéfices? Pourquoi surtout le négociant qui appartient au tableau B et dont le droit « fixe » ressort à 400 fr. au lieu de 100 fr. subit-il une simple augmentation de 63 0/0, alors qu'au cas présent l'excédant d'impôt se mesure par 82 0/0? Le loyer est triple, dira-t-on, d'où, sans doute, des droits triples? Non-seulement il n'en est rien, et la différence est ici environ de 33 0/0 en sus; mais on a simplement tenu compte de cette circonstance que dans la classe B, regardée comme supérieure vu le chiffre assigné au droit fixe, — 400 fr. au lieu de 100, — le droit sur valeur locative passera du 15e au 10e, tandis qu'il n'a subi ici que la conversion du 20e en 15e. — Donc rien n'explique l'écart plus haut signalé.

On le voit, l'aggravation de charge résultant des lois récemment rendues n'est pas seulement hors de proportion avec ce qu'il était permis de croire; cela pèse d'un poids fort inégal sur les divers ordres de patentés. On est à une échelle qui varie de 45 à plus de 100 0/0. Nul ne pouvait s'y attendre après les notables remaniements opérés dans le sens d'une fiscalité toujours plus exigeante.

Ces remaniements, il n'est pas inutile de les signaler à une époque où l'on croirait que la mémoire en est perdue.

II

Marche constamment ascendante de l'impôt.

Ces charges mal mesurées aux forces de celui qui doit les supporter, alors que le commerce et la fabrique ont tant de peine à se remettre d'un long chômage; ces droits, qui doublent et triplent, en certains cas, l'impôt, n'admettent qu'une explication, ou mieux qu'une excuse. — La production industrielle, au lieu de prendre sa part de l'imposition commune aura réussi, sans doute, à s'y soustraire; c'est ainsi qu'elle a pu longtemps bénéficier d'une situation exceptionnelle. Cela ne pouvait durer ainsi. L'on sait d'ailleurs, au dire de gens se prétendant bien informés, que le Commerce « gagne beaucoup d'argent.

Qu'il entre dans ces jugements un peu de cette envie

qui rend « le potier jaloux du potier » on peut à la rigueur l'admettre. Mais serait-il donc à désirer, par ces temps d' - troit calcul, que l'état normal du Commerce fût morbide, stationnaire comme on le remarque chez les nations dont le crédit public agonise? Car, que devient l'Etat, que sont ses finances là où le négoce ne peut rien pour lui-même? Comment demander à l'épargne, quelle qu'en soit la source, — Agriculture, Banque, Trafic, Arts manufacturiers — de quoi construire et allonger ces lignes de chemins de fer qui font que les échanges rendus plus faciles répandent partout l'aisance avec le bien-être? Qui donc gagne à cela sinon tout le monde? En quoi, notamment, la richesse immobilière, qui arriva par un tel déploiement de forces à une plus value considérable en moins de trente ans trouverait-elle mieux son compte à un train d'affaires languissant sinon nul?

Mais laissons là les esprits chagrins voués à l'immobilité et dont il semble que l'essor constant de l'industrie, le travail moderne offensent la vue. Non-seulement l'industrie traverse en ce moment même un phase des plus douloureuses, mais il s'en faut de beaucoup que jusqu'ici qu'elle ait été exceptionnellement bien traitée à l'endroit des impôts dont chacun devra prendre sa part.

Ce qui montre que, pour le très grand nombre, la situation est loin de présenter le plus satisfaisant aspect, c'est l'enquête parlementaire qui s'ouvrait sur les industries textiles et la marine marchande dès avant la guerre. Là éclatent des plaintes, là s'étalent des désastres qui attestent, comparativement à d'autres pays, combien la production indigène supporte, du chef des diverses taxes, un fardeau trop lourd.

Ceci est de l'histoire.

C'est ainsi que la circonscription de Rouen, qui avait vu un grand nombre d'ateliers se fermer pour toujours, se trouvera journellement assaillie par le chômage. Dans le Nord comme au fond des Vosges ce n'est qu'un cri de détresse sur les pertes que subit, depuis des années, la fabrique. Dans la marine marchande, mêmes plaintes; les constructeurs du Havre, de Bordeaux, des ports de la Manche ne tiennent pas ici un autre langage que la filature, l'indiennerie ainsi que le tissage.

Cependant, que reste-t-il d'un pays dont le Commerce et l'Industrie ont pris quelque sérieux essor, qu'en reste-t-il lorsqu'on en a retiré, avec la fabrique et l'armement, les constructions navales?

Peut-on dire sans faire preuve d'une extrême partialité que la situation n'a pas, depuis lors, empiré à certain point de vue ? N'est-ce donc rien que cette foule de taxes s'additionnant ensemble et qui entreprenant les colis, les factures, le sucre, le café, le cacao, l'alcool, les soudes, les baux à loyer;—doublant l'impôt du timbre en ajoutant 25 0/0 à la taxe postale, restreingnent la consommation, c'est-à-dire resserrent fatalement le champ de l'Industrie et lui rendent, par cela même, plus lourd, par des frais généraux qui ne diminuent pas, le maniement de son capital et l'entretien de son outillage?.

Mais ce n'est pas le présent qui s'élève seul contre ces appréciations plus que légères: voici qui fera voir comment depuis bientôt trente ans la contribution qui affecte spécialement le Commerce devint chaque jour plus pesante.

En 1844, époque où l'on remaniait à fond l'impôt des patentes, le Trésor trouvait là une ressource de 28 millions » en principal ». Le tout allait avec les centimes additionnels à 37 1/2 millions. A côté de là, l'impôt foncier rendait à l'Etat 273 millions, dont 157 millions de principal.

Moins de trente ans après voici comment ces chiffres se trouuaient modifiés. — En 1869, les prévisions sont portées pour la patente à 106 millions. Le principal est plus que doublé par 66 millions. Quant à l'impôt foncier, il ne dépasse pas 314 millions dont 172 de principal.

Cependant le nombre des patentables est loin de s'être accru en proportion du rendement de l'impôt lui-même. Celui-ci rend près de trois fois plus qu'en 1844, tandis que le nombre des patentés est monté de 1,334,000 à moins de 1,500,000 soit exactement 1,480,000. C'est moins de 1/9e d'augmentation en 25 ans.

Ce qui montre qu'ici l'accroissement du revenu public tient beaucoup moins à l'augmentation du nombre des patentés qu'au zèle déployé par la fiscalité, c'est que la moyenne de la patente est presque doublée dans le même temps. Son chiffre n'est plus 26 comme en 1844 mais bien 44 fr. par individu. Ce n'est dont point ici un impôt stationnaire ou médiocrement actif. Ces chiffres sont empruntés aux sources officielles, ils défient dès lors toute contradiction. Cette extension de recette s'explique, au surplus, par les exigences toujours plus vives de la législation. Deux lois ont surtout affiché cette tendance. Ce sont les lois de finance de 1850 et 1858. Voici comment en moins de six années la loi de 1850 portera à plus de 63 millions un revenu qui dépassait alors à peine 47 millions, principal et accessoires. C'est une augmentation d'environ 33 0/0 en assez peu de temps.

La loi de 1850 eut ce caractère envahissant qu'elle s'applique à étendre outre mesure l'aire de la patente. C'est ainsi qu'on fera entrer dans des tableaux nouveaux D E F G des professions que la volonté du législateur avait jusque-là épargnées. Tels étaient les notaires, les greffiers, les avocats, les référendaires au sceau, les architectes, les docteurs en médecine, etc. Cela ne faisait pas seulement violence à la nature des choses, puisqu'on range, par cette innovation qualifiée « d'importante » le doctorat parmi les exploitations commerciales; l'on éprouvera en outre un grand embar ras au point de vue du classement. Voici comment s'en expliquaient les auteurs mêmes de la loi :

« Que vous propose-t-on, dit le rapporteur, qui paraît ici lutter non sans peine contre l'autorité prépondérante du Conseil d'État? de faire entrer les notaires et les avoués de première instance dans la 2e classe, les avoués d'appel et les architectes dans la 3e, les commissaires-priseurs et les avocats dans la 4e, les médecins, chirurgiens, dentistes et officiers de santé dans la 5e? *Mais sur quoi* repose cette classification? Quelle *analogie* trouvez-vous entre la profession de notaire ou d'avoué et le commerce de demi-gros auquel la 2e classe est spécialement affecté? Pourquoi confondre les huissiers et les avocats avec les commerçants de la 4e classe, plutôt qu'avec ceux de la 3e ou de la 4e? Evidemment, toutes ces classifications sont ARBITRAIRES. »

L'arbitraire! — Il ne recule ni devant le non sens, lorsqu'on s'occupe d'assimiler l'exercice du notariat aux professions industrielles, ni devant l'embarras des classifications.

On devra faire un tableau tout exprès — le tableau G en addition à la lettre D. C'est là que des professions dites « libérales « seront très peu libéralement astreintes à payer un droit unique fixé au 15e de la valeur locative. C'était déroger au système qui sert de base à la loi des patentes, système dans lequel le droit « fixe » cotoie incessamment le droit proportionnel? Mais qu'importe?

D'un autre côté, on faisait passer de la classe inférieure dans un ordre supérieur le patenté chargé jusque-là d'un droit moindre. C'est ainsi que le marchand de nouveautés, appartenant à la lettre A, 2e classe, quel que fût le nombre d'employés, tombera sous l'application du tableau C, si l'on occupe à la vente plus de cinq personnes. Cela résulte d'un tableau D additionnel à a lettre A. D'où cette catégorie de marchands plus lourdement chargée qu'auparavant. Comme le droit fixe en C est un droit essentiellement progressif, qu'il se proportionne, en partant, « d'un minimum, » — cinq ou dix ouvriers, — au nombre d'instruments de production; comme enfin le législateur a laissé ici l'administration maîtresse de se régler et d'opérer « par analogie » (art. 4 de la loi de 1844), il suit de cette restriction, en 1850, que le marchand de nouveautés, occupant cinq personnes, acquitte seul un droit minimum « fixe » de 150 francs pour Paris. S'il dépasse ce nombre, il payera par exemple 3 francs en sus par individu occupé à la vente.

On pourrait multiplier les exemples, montrer notamment le coutelier, marchand en détail, prenant rang à côté du fabricant, dans la 5e classe, lettre A, au lieu de rester soumis « par anologie » aux mêmes droits que le bouchonnier, le bijoutier fabricant en faux, le fabricant de plumes métalliques, qui font partie de la classe au-dessous. Il y a, d'autre part, un tableau F, additionnel à la lettre C, lequel frappera d'un droit de 25 francs par personne l'industriel tenant « un magasin de plusieurs espèces de marchandises, « dès que le nombre de cinq personnes est dépassé. La loi procède ici, sans doute, avec plus de mesure qu'auparavant; l'échelle est mieux dressée, mais elle n'en sera que plus productive pour le Trésor.

Le champ de la fiscalité s'étend donc d'année en année, soit qu'on y fasse entrer des éléments auxquels la législation des patentes s'était interdit jusque-là de toucher, soit qu'on procède par des dédoublements qui grèvent en fin de compte l'industrie, puisqu'on l'enferme en un cercle plus étroit et où les mouvements seront moins libres. — C'est ce qui arrivait notamment au courtage, aux marchands de papier, lesquels on classe par étages en s'attachant à des spécialités auxquelles nul ne se serait arrêté dix ans auparavant. Non que les révisions, qui avaient lieu de cinq ans en cinq ans, n'aient souvent fait une part fort large à l'atténuation du droit. Il y aurait injustice à ne pas le reconnaître. Mais l'aggravation suit de près; le champ prend de l'extension, et l'impôt s'attache plus qu'auparavant à tout ce qui produit, trafique ou s'entremet.

Voici, du reste, qui montre comment l'impôt, en pesant lourdement sur les patentés, dut ajouter de plus en plus aux ressources du Trésor.

L'article 7, de 1844, s'occupant du cas où le patenté exerce plusieurs industries, pose en principe qu'il ne saurait être assujetti de ce chef « qu'à un seul droit fixe. » La patente est d'ailleurs déclarée « personnelle. » C'est moins sur la chose que sur la personne qu'elle porte. Seulement, le législateur s'attaque, ce qui est juste et naturel, au droit « le plus élevé. » — Survient la loi de 1850, qui s'inspire du sentiment contraire. Non seulement l'industriel sera soumis pour le droit « fixe » au droit le plus élevé, mais les autres établissements placés dans ses mains sont en outre grevés d'un demi-droit « fixe. » Il est seulement ajouté cette restriction, peu claire d'ailleurs, que la sommme de ces demi-droits ne saurait dépasser « le double du droit fixe principal. » La faveur est peut-être plus apparente que réelle. Il est rare, en effet, que le nombre des établissements possédés par un seul industriel puisse excéder cette limite. Et, cependant, la fiscalité ne se tient pas pour satisfaite. Voici comment seront comblées, en 1858, certaines lacunes.

La loi de 1850, en s'appliquant à la marchandise, gros, demi-gros, détail, ainsi qu'au courtage et à la banque, avait laissé hors d'atteinte l'industrie et la fabrique, spécialement réglées par le tableau C. En 1858, l'on se ravise, et la loi de finance, édictée à cette date, porte que, « quelle que soit la classe, » le demi-droit fixe sera acquitté par le possesseur « de plusieurs établissements, boutiques, etc. (1). »

Cette disposition si aggravante ne devait pas encore suffire. Voici que la loi du 29 mars changera en « droit entier » ce même demi-droit.

Où et quand s'arrêtera-t-on dans cette voie?

L'effet de ces exigences successives se faisait bientôt sentir. Après avoir été poussé de 47 à 63 millions, le rendement de l'impôt monte à 75 dès 1860. C'est le chiffre des prévisions budgétaires pour l'exercice suivant. — Plus tard, en 1869, la recette prévue sera fixée, on le sait, à 106 millions.

L'impôt est loin, on le voit, d'avoir gardé une parfaite mesure et immobilité. L'on peut dire que, dans une période relativement courte, il pesa d'un poids incessamment plus lourd sur la production industrielle. c'est-à-dire sur le travail même.

Mais ce qui ajoutait surtout à la pesanteur de cette charge, c'est le « droit proportionnel. » Assis sur la valeur locative, augmentant avec elle, c'est-à-dire, s'élevant à mesure que le loyer correspondait à une plus-value immobilière qui augmentait d'année en année, l'industriel en souffrit doublement. On comprend que des baux plus exigeants impliquent par l'exagération même de la valeur locative des droits de patente plus élevés, tant au regard « des centimes additionnels, » que de ce qu'on nomme « le principal. »

Cela reconnu, et puisque la plus-value foncière tient ici tant de place, il convient d'examiner quel sera le

(1) Au lendemain de la loi de 1858, voici ce qu'aura produit cette disposition fiscale, assez peu mûrie. Dans l'industrie cotonnière une patente s'élevant jusque-là à 2,200 fr., ressortait à 10,027 fr. C'est en ce sens qu'avait opéré la double action : 1° du droit 1/2 frappant plusieurs établissements placés sous la même main ; 2° celle du 1/2 droit que dût acquitter tout associé, outre l'associé principal.

rôle de la richesse immobilière Lorsqu'elle prend chaque jour plus de valeur, que lui revient-il dans cette charge de l'impôt qu'on sait devoir peser en raison de ce dont chacun profite sur tout le monde?

III

La propriété immobilière devant l'impôt.

« La terre, dans notre système fiscal, est lourdement imposée. »
(M. Pouyer-Quertier, ministre des finances. — 9 décembre 1871.)

L'assertion par laquelle se terminait il y a deux ans bientôt l'exposé financier d'un homme de gouvernement qui abordait sans pâlir une tâche des plus ardues, cette assertion peut-elle être acceptée comme un axiome de l'ordre économique à l'abri de la contradiction? Est-il vrai, comme on se plaît à le redire, que le Sol supporte un fardeau relativement lourd dans l'ensemble des taxes qui constituent aujourd'hui le revenu public? Est-on dès lors fondé, suivant que cela est arrivé en dernier lieu, à ne demander dans les circonstances douloureuses que le pays traverse « aucun nouveau sacrifice à la propriété foncière? »

Il semble que ce sentiment ait son point de départ dans un fond d'idées auquel plus d'un esprit s'est fait depuis longtemps. Mais précisément parce que cela remonte loin, le fond d'idées n'en est que moins acceptable. Les choses ont marché depuis vingt ou trente ans en France. Ce qui était vrai dans l'atelier agricole aux approches de 1848, par exemple, est fort loin de présenter aujourd'hui le même caractère.

C'est ainsi qu'on ne saurait songer, sans injustice, à rejeter sur le Commerce et sur l'Industrie le poids de taxes dont la propriété est plus que jamais à même de prendre sa part. Cela ressort des grands avantages qu'elle a retirés de ce qui s'est fait en France depuis trente ans.

S'il était nécessaire de recourir aux preuves, ceci impliquerait des développements que cet exposé ne comporte pas. Deux ordres de faits semblent décisifs, suffisants. D'une part, l'on est frappé de la plus-value qui résulte de l'établissement d'un réseau de railways fait pour ajouter d'année en année au revenu foncier; d'où la valeur du fonds plus que doublée dans la plupart des cas. De plus, et à côté de cela, le nombre des propriétés bâties s'est accru d'un sixième en moins de 35 ans. Ce qui montait à 6,805,000 propriétés imposables de ce chef, forme aujourd'hui un total de près de 8 millions, soit pour 1869 7,811,000. C'est plus de 15 0/0 d'augmentation.

Et l'impôt, que devient-il dans le même temps? Qu'elle est la redevance qui pèse de ce chef directement sur le détenteur du sol? Non-seulement le chiffre de cette imposition ne s'est pas accru depuis trente ans, — il est relativement moindre, alors que la matière imposable acquérait une valeur plus que double.

C'est ce qui peut être facilement établi en partant, ici comme toujours, des chiffres officiels.

On sait que les prévisions de la loi de finance en 1844 portaient à 273 millions, — principal et centimes additionnels, — la contribution directe portant sur la propriété immobilière. Moins de six ans après, cette imposition tombait au-dessous de 260 millions, soit 259,996,850 francs.

D'où provenait un tel amoindrissement de charge

quand par ailleurs l'impôt se fait chaque jour plus exigeant? Voilà notamment la contribution des patentes qui est montée à 47 millions au lieu de 37, chiffre de 1844. C'est un accroissement en quelques années de 33 0/0.

La différence qu'on remarque ici tient à une particularité beaucoup trop oubliée et qui constitue à l'endroit de l'impôt comme une théorie assez nouvelle. C'est ainsi que le jour où la loi de finance de 1850 s'occupe, avec le soin qu'on a pu voir, d'ajouter au chiffre de la patente, le législateur fera bénéficier la propriété immobilière d'un degrèvement de 27 millions. Ce jour-là disparaissaient de la cote 17 centimes additionnels « généraux. » Par là et à l'instant même l'impôt foncier descendait de 284 millions à moins de 260 millions.

Cela représente pendant vingt ans cinq à six cents millions dont on forçait en recette le Commerce et l'Industrie, c'est-à-dire les patentables.

Non-seulement ceux-ci verront maintenir avec le plus grand soin les 6 8/10 centimes additionnels dont ils étaient grevés; mais on a pu voir que la loi se faisait dans le même temps de plus en plus exigeante à cet endroit.

Le bienfait conféré au propriétaire immobilier aura cela d'étrange, on peut dire d'inouï, que ce chiffre de 259 millions n'atteint pas même la recette constatée au lendemain de 1830. C'est ainsi qu'en 1836 on arrivait à 263 millions.

Détail trop ignoré et sur lequel il convient par cela même d'appeler la lumière. — En 1790, alors que le revenu net foncier était évalué à 1,200 millions, le Sol fut dès l'abord imposé à un chiffre « principal » de 240 millions. Ce même principal était plus tard abaissé à 154 millions; hier même il demeure fixé pour l'exercice 1870 à 171 millions. Et cependant ce n'est plus le temps où le revenu foncier pourrait être évalué à

1,200 millions. Tripler ce chiffre, ce serait rester fort au-dessous de la réalité.

Comme les centimes additionnels, soit généraux, soit « avec affectation spéciale, » jouent ici leur rôle ordinaire, voici qui peut donner une idée de la situation faite pendant quarante ans à chacune des quatre contributions directes. Nous partirons de 1832 sans cesser de faire remarquer ce détail important que l'imposition foncière s'affirmait au lendemain de 1789 par un chiffre « en principal » de 240 millions, chiffre supérieur de 28 0/0 à la taxation des derniers exercices. Les sommes expriment ici des millions :

		1832		1847		1870	
Foncier...	Principal.........	154	244	158.1	279	172	313
	Cent. additionnels	90		120.9		141	
Portes et fenêtres	Principal.........	22	26.8	24.1	34	33	55
	Cent. additionnels	4.8		9.9		22	
Mobilier..	Principal.........	34.9	50.9	34.2	59	45	89
	Cent. additionnels	16		24.8		44	
Patentes..	Principal.........	24.2	29.8	33	46	60	106
	Cent. additionnels	4.8		13		46	

Le principal de l'impôt foncier représente, compris celui des portes et fenêtres qu'on peut jusqu'à certain point y joindre, un excédant de 29 millions, soit 16 0/0. Dans le même temps, le mobilier augmente de plus du double par 33 0/0. Quant à la patente elle fournira non plus 24 mais 60 millions de recettes, ce qui mesure un accroissement de 150 0/0.

S'agit-il d'opérer à vue de masses, principal et centimes additionnels se confondant ensemble à partir de 1844 ? C'est l'époque, on le sait, où l'impôt des patentes, remanié à fond, dut devenir plus productif. Dans ce même temps, le foncier formait avec les portes et fenêtres un chiffre total de 307 millions. Cela répond en 1869 à 368 millions. Différence en plus au bout de 25 ans, 61 millions, soit environ 20 0/0.

Durant cette même période l'impôt personnel et mobilier monte de 57 à 89 millions; augmentation de 56 0/0, c'est-à-dire environ le triple. Notez d'ailleurs ce détail, c'est que la cote mobilière pèse pour plus d'un tiers sur les patentés.

Enfin, comme le rendement de la patente monte ici en principal et centimes additionnels de 39 millions à 106, c'est une augmentation de 67 millions, c'est-à-dire un accroissement plus grand encore que celui déjà noté. Il s'affirme en effet non plus par 150 0/0, mais par 170 0/0 là où l'impôt foncier présente à peine un excédant de 20 0/0.

Et cependant ces patentables toujours plus chargés sont aux détenteurs du Sol comme 1 est à 3 sinon 4. Nul n'ignore, en effet, que le nombre des propriétaires flotte entre 4 1/2 et 5 millions alors que celui des patentés forme à peine le tiers de ce chiffre. C'est donc ici 1 qui contribue comme 3, tandis qu'un seul supporte 1/3 de la charge dont le poids dût être partout le même et se répartir sur tous également.

N'est-ce donc point là surtout que s'appliqueraient ces paroles d'un ancien ministre que ce qui blesse le contribuable c'est lorsqu'il a lieu de croire qu'il débourse « pour un autre » l'argent qu'on devrait légitimement payer « à sa place? » Il y aurait seulement à faire observer que ce qui s'est dit là, dans l'intérêt de la propriété immobilière, se retourne contre elle. Ce n'est pas celui qui a bénéficié longtemps des taxes les plus modérées, outre les dégrèvements recueillis au passage, qui pourrait se croire autorisé à rejeter sur d'autres le poids d'une charge qui s'accroît sans cesse.

Ces inégalités relevées, le moment semble venu de

caractériser les additions de taxes s'adressant à ceux-là même qui n'étaient déjà que trop imposées, vu le malheur des temps.

§ II

Système particulièrement aggravant de l'impôt. Son caractère. — Sa portée

Que cette aggravation dans l'état des affaires est excessive.

La guerre nous fit perdre, cela est attesté par des chiffres officiels, 100,000 patentés. C'est plus du 15e de l'effectif ancien. Dans cette diminution les cessions de territoires dont la France s'est trouvée appauvrie entrent pour un nombre de patentables qu'on porte à plus de 50,000. Mais il s'en faut que cela donne une idée de ce qu'on perdit en perdant l'industrieuse Alsace.

Voila donc la production dans l'ordre industriel s'affaiblissant d'un nombre de facteurs dont les affaires doivent longtemps se ressentir, sans parler d'autres causes. Ici 50,000 patentés qui ne se mêlant plus au travail indigène sont séparés par une ligne de douanes de l'ancien territoire; ailleurs, des vides attestés par ce fait qu'il fallut rayer 50,000 industriels du rôle de la patente. Puis, pour conclure, ralentissement dans les transactions, qui s'accentue, ce semble, plus qu'aux premiers jours.

Interrogez, non le receveur des contributions, qui trouve toujours le moyen de faire rentrer l'impôt, mais tout ce qui commerce et entreprend, depuis le magasin jusqu'au banquier, et à l'exportateur en passant par l'usine ou la fabrique, chacun vous répondra que la masse d'affaires est notablement moindre de ce qu'elle était en temps ordinaire. Sur un point, elles sont presque nulles, tandis que sur d'autres on fabrique à peine la moitié de ce qui se faisait. Dans telle partie du gros qui tient à la consommation courante obligée, on évalue à près d'un tiers la diminution; dans le détail, qui y répond, l'on voit cette diminution, à Paris notamment, se mesurer par plus d'un quart.

Et Paris s'étend loin. Sans parler de ces trente départements sur lesquels pesa trop longtemps l'invasion et qui sont occupés de réparer leurs ruines, il ne faut pas perdre de vue le rôle que joue et la place qu'occupe ce grand point central par lequel tout passe, où tout se rend, et qui donne la vie à tout le reste.

Donc peu ou point d'affaires. Un quart ou un tiers, sinon la moitié manquant à l'appel suivant qu'il s'agit de besoins à satisfaire ou de choses qui se peuvent remettre à plus tard, comme tout ce qui touche à l'ameublement, à la toilette, à la construction, à l'activité même des capitaux.

L'impôt rentre bien, sans doute, et les souscripteurs en grand nombre qui se sont portés aux derniers emprunts font preuve d'une fermeté dans leurs versements de mois en mois qui témoigne d'un fonds d'épargne exceptionnellement riche. Mais c'est là de l'épargne ancienne. Si les affaires, au lieu de subir un temps d'arrêt, avaient conservé leur train accoutumé, il est douteux que le capital disponible se fût porté avec cette fougue, on pourrait dire avec cet élan universel aux caisses publiques.

C'est bien précisément ce qui montre dans les affaires un ébranlement tel, qu'elles en durent être pour longtemps allanguies, sinon mortes. — L'on pourrait comparer en ce moment le pays, avec ses consommations restreintes, sa fabrication moindre, son épargne nulle, et ce qui lui restait de capitaux disponibles ayant pris la route de l'emprunt, à un corps épuisé par des pertes de sang, autant dire exsangue et qui a quelque peine à se remettre en marche.

Voilà la vérité telle quelle apparaît à tout esprit sans prévention qui va et veut aller au fond des choses.

Ainsi, au résumé :

Affaires notablement moindres, ralenties, et partant, mévente, — *mévente?* écoulement pénible du fonds qui se renouvelle peu ou point : on vit sur l'ancien fonds lequel est, dans une foule de cas, plus que suffisant ; — peu ou point de *renouvellement* du fonds? Chômage partiel dans la fabrique et à l'importation sources auxquelles puisent le gros et après le gros le détail. — *Chômage partiel* de l'atelier? Suppression forcée de salaires correspondants et de partie du capital ou fonds de roulement qui dès lors constitue un fonds mort, une surcharge. — Salaires supprimés et capital sans emploi, ? Consommations de cet autre chef restreintes, ce qui remonte du détail au gros, du gros à la fabrique où l'effet devient cause par une chaîne à peu près sans fin.

Voilà à quoi répond un manque d'affaires qui se mesure du quart à la moitié suivant qu'il s'agit de consommations qui s'imposent ou suivant qu'on regarde à l'habillement, à l'industrie métallurgique, au bâtiment, aux fabricants de meubles, à l'article Paris, à la confiserie, à l'épicerie enfin, prise dans cette portion du fonds où le gain était plus large, — sucres, vins, liqueurs, cafés, — tous articles saturés de droits tels, qu'on regarde à acheter, d'où un profit minime sinon nul.

Car c'est au chiffre d'affaires que tient le gain qui lui-même se mesure à la place qu'occupent les frais généraux, — ces frais étant à l'état de surcharge.

Veut-on une idée de l'esprit d'économie qui s'en prend à tout, qui a gagné tout le monde dans un pays réputé, pour ses habitudes de soin et d'ordre, de parcimonie et d'activité ? Ce n'est qu'un détail infime, mais par ce détail on peut juger du reste. Eh bien! dans ce besoin d'épargne dont le manque d'affaires, c'est-à-dire de profits, fait partout une loi, il n'est pas jusqu'au débit des allumettes chimiques qui ne soit notablement réduit (1). Les uns évaluent au tiers, d'autres à la moitié ce qui se vend et se consomme en moins. — Interrogez là-dessus les débitants et vous verrez comment ce fait, d'aspect si mince s'explique. Ce détail paraîtra secondaire, sinon même puéril, et cependant rien n'est au fond plus significatif. — C'est le papier, roulé en guise d'allumettes, ce sont les copeaux taillés et amincis qui s'emploient dans plus d'un ménage et allument bon nombre de pipes, de lampes, de cigares. Le briquet et l'amadou ont fait leur rentrée. — Voilà jusqu'où va l'économie par le double fait des taxes ajoutant au prix de toutes choses, et par l'absence à peu près complète de gain, vu le train général des affaires. Non-seulement ce n'est plus le

---

(1) Malgré que le présent exercice marque dans la consommation un progrès assez notable, les droits recouvrés sont restés jusqu'ici fort au-dessous des évaluations budgétaires. On avait compté sur 3 millions 1/2; on est arrivé à la moitié environ par 1,700 millions.

temps où l'on brûlait, comme on dit, « la chandelle par les deux bouts, » mais on regarde aux deux bouts de l'allumette avant de s'en servir ou de la mettre au rebut tant la dépense s'est faite avare.

Et c'est cette heure qui fut choisie pour ajouter au poids déjà si lourd de l'impôt, en élevant de 50, de 100 0/0 la part contributive du Commerce et de l'Industrie? N'est-ce pas comme si, pour accélérer la marche d'une horloge, on entassait poids sur poids? car les grands facteurs de l'ordre industriel sont aux affaires ce que « le mouvement » est à l'horloge.

Si cela avait lieu en temps normal, une telle exigence passerait, à bon droit, pour excessive. Mais que penser des droits ainsi accumulés sur le producteur de l'industrie, dans un moment où la MÉVENTE gagne de proche en proche sous l'action d'une foule de taxes dont le marchand ne saurait aujourd'hui rejeter le poids sur un acheteur qui vit d'économie et se dérobe!

Voyez-vous point d'ici ce fonds de mercerie et de bonneterie contraint de « démarquer » sa marchandise, c'est-à-dire de la livrer au-dessous du prix d'achat, sous peine de ne pas trouver d'acheteur? Ce sont des articles vieux fonds non écoulés qu'on livre à 25 ou 30 centimes à la classe ouvrière, au lieu de 55 ou 60 centimes. Comment veut-on que ce détaillant retrouve, à la faveur d'un tel débit, non seulement « des frais généraux » réduits au plus bas chiffre, mais l'impôt sur le timbre et les factures, lesquels, avec sa patente, forment un excédant de dépense annuelle de 5 à 600 francs? Cela représente comme le 5e, sinon même le quart du loyer. — Et ne faut-il pas en outre compter avec 25 0/0 d'augmentation sur la taxe postale, avec l'impôt des assurances, celui de l'envoi des colis, des circulaires, des échantillons, du prix des places en chemin de fer, sans parler de la valeur locative rendue plus lourde par le seul fait de l'enregistrement des baux?

On le voit, ce qui domine dans ce resserrement du marché à des heures exceptionnelles, c'est le « manque à gagner. » La marge des bénéfices est des plus réduites, sinon nulle. C'est sur cela que porte un impôt accru de 50 à 100 0/0, après qu'une foule de taxes auront resserré un cercle de consommations que la fabrique considérait déjà comme insuffisant. Où le profit est nul, on s'attaque ainsi « au capital, » l'épargne se faisant plus rare. — Arrive-t-il que le gain soit seulement moindre? on lui prend plus qu'il ne lui fût jamais demandé, outre qu'une seule classe de producteurs, — celle des patentés, — fut ici en prise.

Et lorsque, par cette réduction notable du chiffre d'affaires, nous parlons « de profit nul, » c'est là une de ces banalités que le dernier des industriels connaît trop et qu'il touche, faut-il dire, avec la main. Qui ne sait que « les frais généraux » impliquent un *minimum* d'affaires au-dessous duquel on ne saurait descendre sans qu'il y ait perte? Ces frais peuvent bien peser moins lourdement sur la masse si elle s'accroît d'un tiers, de la moitié, car ils n'augmentent pas en proportion et varient en général fort peu. Mais si, au lieu de 100,000 francs, chiffre *minimum*, sur lequel on aura assis ces frais réduits au strict nécessaire, l'industriel fait 1/3, 1/4 moins d'affaires, à l'instant même, « les frais généraux » pèsent relativement davantage, d'un tiers ou d'un quart, car ils n'ont pas varié d'un centime, quand la masse d'affaires a beaucoup diminué. De 12 0/0 qu'ils exprimaient, ils répondront à 15 et 16 0/0, sinon plus, et cela suffit pour effacer, par quelques milliers de francs, TOUT BÉNÉFICE.

Voilà comment dans la fabrique, dans le magasin, dans le comptoir même, un manque d'affaires engendre et implique la « mévente, » c'est-à-dire la réduction notable, sinon l'absence de bénéfices. Il faut vendre « quand même, » fabriquer, « même à perte, » car le pire encore serait de laisser dépérir son fonds faute d'entretien, et de voir l'achalandage s'éparpiller aux quatre coins du marché, pour ne plus reparaître,

Le bon négociant, le fabricant avisé qui raisonne la portée de ses moindres paroles, le marchand de gros ou de détail interpellés ne seront jamais à ce point explicites. Leur crédit en souffrirait, et le crédit, c'est l'âme, sinon l'axe même du commerce. Nul ne dira qu'il vend « à perte » ou qu'il fabrique en perdant de l'argent. Celui-ci vous répond que, s'il perd sur un article, « il se retrouve » sur tel autre. Mais, en temps critique, l'opinion ne prend pas le change. Elle sent et sait bien que si *la partie* de l'alimentation gagne à peu près ce qu'on gagne en temps ordinaire, celle de « l'habillement et de la toilette, » « le bâtiment, » les industries « textiles » dont un homme d'État évaluait naguère le chiffre à 3,500 millions au MINIMUM, — les cuirs, l'industrie métallurgique sont « en perte, » bien loin de gagner de l'argent. Or, c'est là, qu'on ne s'y trompe pas, le très grand nombre. Non seulement ceci répond à une masse de productions qui l'emporte de beaucoup sur ce qui est engagé dans l'industrie alimentaire, mais le Commerce trouve là bien autrement à s'employer que pour ce qui touche, par ailleurs, aux consommations (1).

Par ses récentes aggravations, l'impôt de la patente porte bien plus, on le voit, sur le capital du Commerce de l'Industrie que sur les profits réalisés. C'est ainsi que l'impôt prend un caractère d'autant plus excessif

---

(1) Le personnel engagé dans l'Industrie, au point de vue de l'alimentation, est représenté en France par 1,700,000 individus. C'est là le chiffre de 1869. L'habillement et la toilette figurent, en outre, par un personnel de plus de 2 millions, et l'industrie du bâtiment par 2,200,000. A Paris, le Commerce et l'industrie alimentaires comprennent 35,000 établissements. Tout le reste, habillement, ameublement, industries textiles, cuirs, parfumerie, etc., représente quelque chose comme 40,000 exploitations. L'habillement et l'ameublement entrent là-dedans pour plus des trois quarts.

que la charge affecte exclusivement une classe relativement moins nombreuse de contribuables.

Veut-on, du reste, voir ce qui aurait lieu en temps normal pour les établissements qui se rattachent à la fabrique et qu'on peut regarder, avec le bâtiment, comme répondant à des utilités de deuxième ordre? Voici une maison à Paris qui occupe, pour le personnel préposé à la vente « de plusieurs marchandises » ou pour « le vêtement » proprement dit, « plus de cinq personnes. » Cette maison, qui ressortait au tableau C, est passée depuis déjà longtemps dans le tableau B, où elle sera doublement frappée, en vertu des lois dont on s'occupe ici. Sa situation à l'avenir, c'est-à-dire le jour où l'on arrive à faire des bénéfices, peut se ramener aux termes ci-après :

LOYER : 15,000 FR.

Droit fixe pour 12 employés à 25 fr.	300 fr.
Droit proportionnel, 10e de la valeur locative	1.500
121 centimes additionnels	2.178
Montant de la patente	3.978 fr.

L'on évalue généralement « dans cette partie, » — car il n'y a pas ici de règle fixe s'appliquant à tous les ordres de production industrielle, — on estime au montant du loyer le chiffre ordinaire des profits. Cette maison réaliserait ainsi de 15 à 16,000 francs de bénéfices annuellement. C'est là ce qui a lieu généralement. Mais voilà que l'impôt prélève 25 à 30 0/0 sur des profits, d'ailleurs fort incertains, et nous parlons ici des bonnes maisons.

25 0/0, sinon plus du chef de cette seule charge. Il est des années où l'on gagne infiniment moins, mais l'impôt va son train, qu'il y ait gain ou perte. — Quel est donc le capital, ou mieux quel est le « revenu » plus ou

moins aléatoire qui fût ailleurs grevé d'une telle redevance? Quelle est la terre qui voit passer aux mains du fisc, dans de bonnes années, le cinquième ou le quart de son produit? Le jour où elle était imposée au 10e du revenu « net, » la mesure sembla excessive. C'est au point qu'à cette heure l'impôt représente à peine le « douzième. » On devra même prendre la moyenne sur une assez longue période, en ayant soin de déduire les deux meilleures et les deux plus mauvaises années. — Où voit-on qu'à l'endroit de la patente le fisc ait de tels scrupules? Non seulement l'impôt est « excessif, » mais il prend sur le brut, qu'il y ait gain ou perte.

Passons à l'inégalité des taxes dont la production en France supporte le poids.

II

Que la charge mise sur les patentés viole le principe de l'égalité devant l'impôt.

L'on a si bien compris, le premier moment passé, ce que présentait « d'excessif » cet accroissement de charge, que le budget dressé en vue du prochain exercice s'occupe d'en atténuer dans quelque mesure le poids. C'est ainsi qu'en vertu d'une modification nouvellement proposée les 60 centimes additionnels décrétés en 1872 seraient réduits à 43.

En revanche, la propriété immobilière serait forcée en recette des 17 centimes dont la patente doit bénéficier.

Mais, outre ce que cette justice distributive aurait d'incomplet, puisqu'on laisse subsister dans ce système les aggravations prises de la conversion du droit sur la valeur locative en 10e et en 15e, qui ne voit combien ces atténuations sont au fond insignifiantes et sans portée. Cela devient particulièrement sensible pour Paris où la diminution équivaudrait en réalité, non au quart mais « au cinquième ». On sait qu'une loi récente a porté 5 nouveaux centimes au compte des patentés de la capitale. D'où la différence avec l'impôt additionnel voté en 1872 serait exprimée par 12 centimes et non 17. Le principal n'en resterait pas moins plus que doublé puisqu'on devrait payer 1 fr. 089 au lieu de 1 fr. 209 comme auparavant.

Cette façon d'égaliser les choses entre l'imposé du Sol et les contribuables de l'Industrie, n'est rien moins qu'empreinte de l'esprit d'équité qui doit présider à la répartition des charges publiques.

Non. C'est plus haut qu'il faut viser si l'on veut être juste et donner satisfaction à ce que commande le principe de l'égalité, qui, en France, plus qu'ailleurs veut être respecté.

Chose qu'on semble ne pas avoir aperçue et qui blesse au plus haut point l'équité. C'est la propriété immobilière qui fut depuis longtemps l'objet des plus grands ménagements; c'est elle qu'on dégrève pour l'exempter ensuite de toute addition de charge dans les temps difficiles, et c'est elle qui en prenant plus de valeur, fait que l'impôt pèse par cela même davantage sur les patentables. Elle profite « d'une plus value » à peu près constante, et, non seulement la valeur locative s'accroît dans ses mains de façon à peser de plus en plus sur l'industriel, sur le détaillant de tout ordre, mais le propriétaire ne souffre nullement de l'impôt qui s'attache « à cette plus value » que lui seul provoque et qui lui profite!.

Voilà par exemple le coiffeur dont on a constaté dans ce qui précède la situation au point de vue de sa patente.

Son bail de 1,600 fr expirait en 1869. Il dut le renouveler en 1867. — Il s'agit là de faits où l'on marche, bail et patente en main. — Le prix de la location s'accrut alors de plus de MOITIÉ. C'est ainsi qu'il ressort aujourd'hui même à 2,600 fr. au lieu de 1,600. C'est énorme, n'est-ce pas, même dans un quartier marchand. Mais ceci n'a rien d'exceptionnel. Si ce magasin avait continué d'être loué 1,600 fr., qu'en résulterait-il? Que cette partie de l'impôt qui est basée sur « la valeur locative » n'aurait pas subi d'autre augmentation que celle résultant par exemple des 60 centimes ajoutés en dernier lieu au principal.

Voici dès lors les chiffres avec lesquels ce même patenté aurait dû compter :

LOYER DE 1867 : 1,600 FR.

1871.	Droit fixe............	40 »	263 48	Différence en plus 110 fr. 05 soit 40 0/0.
	Droit proportionnel, 20e	80 »		
	1.209 cent. additionnels	145 48		

LOYER EN 1873 : 2,600 FR.

1873.	Droit fixe............	40 »	375 53
	Droit proportionnel, 20e	130 »	
	Cent. additionnels, id...	205 53	

Ainsi, voilà un excédant d'impôt de 40 0/0 qui a son principe, son unique source dans l'accroissement de valeur d'une propriété que le maître se fait payer en élevant *de plus de moitié* le prix du loyer. Cependant, cet accroissement « de valeur locative » provoque une augmentation « proportionnelle » dans le principal de la patente, soit près de moitié en sus de ce qui, SANS CELA, ne fut pas arrivé. Et le propriétaire non-seulement ne supporte rien de cette addition d'impôt, il la rejette en entier sur le locataire, qui souffre ici doublement, —

mais chose qui ne se peut comprendre dans des temps difficiles où le chômage pèse sur l'ordre industriel particulièrement, ce même détenteur de la richesse foncière sera SEUL exempt de toute charge additionnelle au rôle de l'impôt. L'Industrie, le Commerce, le gros et le détail continueront à payer « pour lui, » — pour lui à qui profite comme « plus-value » le fait sur lequel repose l'addition de charge qu'il a PROVOQUÉE !

S'attarder à de tels contrastes pour les mettre plus en relief à de certains moments, ce serait montrer à ceux qui nous lisent une défiance en leurs lumières qui aurait quelque chose de blessant, sinon d'injurieux. L'égalité n'est pas seule violée par ces façons d'entendre, de répartir l'impôt. C'est le bon sens, c'est l'équité vulgaire, c'est l'opinion du pays tout entier que cela doit révolter. Il n'est pas jusqu'au très grand nombre des intéressés qui ne doive se sentir blessé d'une faveur dont lui revient, sans qu'on l'ait mérité et encore moins sollicité, tout l'odieux.

L'équité exige, elle réclame, et cela dans le langage le plus mesuré, que celui qui PROVOQUE une évaluation plus haute dont il presse incessamment la marche, dont il fixe les termes dans un débat trop souvent inégal, en subisse, à l'endroit de l'impôt, les conséquences. Cela ne doit pas figurer comme « augment » dans la patente. Puisque le foncier acquiert de la valeur, à lui d'être chargé, imposé en conséquence. N'est-ce pas le principe qui était suivi en 1844, à propos des charges d'agents de change, lorsqu'on élevait à 1,000 francs au lieu de 300 francs le droit fixe ? On se fondait sur cette même « plus-value, » les affaires ayant pris de jour en jour plus d'extension.

Pourquoi ici dès lors deux poids et deux mesures? Pourquoi les charges qui tiennent à l'augmentation « de la valeur locative » ne pèseraient-elles pas sur celui à qui cela profite et qui surmène, de ce chef, l'industrie en fabrique comme dans le magasin? A lui l'addition d'impôt puisqu'aussi bien il eût les initiatives avec un revenu qui s'accroît incessamment. *Ubi honos, ibi onus*, comme l'enseigne le droit de tous les temps.

Qu'on n'objecte pas surtout que la richesse foncière, qui prit tant de valeur depuis vingt ou trente ans et qu'on peut dire transformée, tant le perfectionnement des méthodes, l'emploi des machines ont profité à l'atelier agricole; qu'on n'objecte pas qu'en outre de l'impôt mis sur le Sol ou la propriété bâtie, cette richesse immobilière compte avec des taxes, droits de succession, partages, ventes, droits sur les boissons et sur le sel, octrois des villes, etc., qui porteraient à 1,300 millions le poids qu'elle supporte. Ce sont là des chiffres dont on peut bien chercher à frapper l'esprit de ceux qui ignorent d'où part l'impôt et sur qui il pèse définitivement; mais cela ne résiste pas au moindre examen.

Est-ce que le Commerce, est-ce que l'Industrie, est-ce que ces régnicoles, enfin, qui ne sont ni commerçants, ni marchands, ni propriétaires et qui forment ensemble plus des 2/5e de la population, ne prennent pas leur part, plus que leur part de ces mêmes impôts? Est-ce qu'ils ne font pas des héritages, est-ce qu'ils n'achètent pas soit un fonds de commerce, soit un fonds de terre dans l'occasion? Est-ce que le timbre, l'enregistrement, la taxe postale, l'octroi des villes ne pèsent pas plus particulièrement sur le commerce ou sur la fabrique, à propos des sociétés qui se forment, des marchés qui se concluent, des effets qu'on souscrit, des connaissements et des chartes-parties qui se signent, des faillites et des concordats qu'il faut subir, des expertises et des arbitrages auxquels on entre et où le propriétaire foncier n'a rien à voir?

Mais si quelque calculateur, sans parti pris, voulait faire le compte à vue de masses, de la part que prend, dans ces mêmes impôts, l'industriel, en dehors de sa patente; si chacun songeait qu'on est 1 ici pour payer ce ce qu'on fut ailleurs 3 ou 4, sinon plus, à se partager, il resterait prouvé que la part de contribution qui échoit de ces divers chefs au détenteur de la propriété immobilière n'est pas, tant s'en faut, la part la plus lourde. On peut ajouter qu'il réalise à bien meilleur compte un profit, sujet à de moindres risques.

Donc les charges ne furent point là tellement « lourdes » que la richesse foncière dût être dans le malheur commun exceptionnellement favorisée. Non seulement cela constitue le plus inégal partage après les atténuations d'impôt dont le Sol a bénéficié pendant plus de vingt ans, mais rien n'est plus contraire à l'essence des choses dans l'ordre économique. Nul n'ignore, en effet, que si en temps normal la propriété a droit à des ménagements dont l'impôt en France ne fut jamais avare, c'est à elle de subvenir à ce qui manque dans les temps douloureux. C'est là qu'on peut et doit s'adresser pour obtenir ce que l'Industrie qui chôme, le Commerce qui se ralentit ne sauraient donner.

A chacun son rôle, à chacun sa part, selon le temps.

III

Des critiques auxquelles donne lieu ce système aggravant de la patente.

Au lendemain de cette loi de 1844, dont un député, grand industriel du Nord, dira qu'elle eût sans doute en vue «de châtier le travail (1) », on remarquait une dépression sensible dans cette portion du revenu public dont la patente est la source. Ce qui avait donné, en 1845, une recette de 38 millions, tombe en 1847, année de forts escomptes, au-dessous de 35 millions. Le législateur avait-il trop présumé de la puissance de l'Industrie ? C'est une question que nous ne nous chargeons pas de résoudre. Seulement, alors comme aujourd'hui, les prévisions budgétaires seront démenties, ce qui prouve qu'en France l'impôt frappe assez habituellement plus fort que juste.

Cette tendance « à châtier » l'action du Travail, alors qu'il constitue la vraie richesse d'une nation, semble plus que jamais percer à travers les aggravations de taxes qui ont récemment surchargé la patente. Lisez notamment le rapport sur la loi du 29 mars. Il y perce un mécontentement tel, à l'endroit des exploitations qui se multiplient sous la même main ; les mots de « privilége, » de « transformation notable, » appelant un redoublement « d'attention, » trahissent des dispositions telles qu'en vérité l'on voit que le « châtiment » est proche, sans qu'il soit, ce semble, mérité.

Ceux qui se laissent aller sur une pente si fatale à l'Industrie n'ont, sans doute, jamais fait attention aux plaintes que faisaient entendre, lors de la dernière enquête commerciale, les industriels les plus autorisés. Ils auraient sans cela aperçu des choses de nature à les arrêter, dans un temps surtout où la production industrielle a plus besoin d'être encouragée que de voir s'accroître, par « le doublement » de l'impôt, la charge mise jusque-là sur ses épaules.

De combien pense-t-on par exemple que, dans la fila-

(1) M. Levavasseur. — Alors comme aujourd'hui, c'est l'honorable M. Vitet qui était chargé du rapport.

ture et le tissage, parties si importantes de la production indigène, la patente française dépasse le chiffre qu'acquitte le Belge, qui est à nos portes et qui nous fait une si redoutable concurrence? De VINGT-DEUX FOIS *et plus*. C'est à n'y pas croire. Voilà ce que produisent ces droits prétendus « proportionnels » qui prennent et reprennent « la valeur locative » par le mobilier d'abord, puis par le loyer industriel; qui grèvent éperdûment le matériel, c'est-à-dire l'outillage; qui traitent « l'amortissement » comme « un revenu » et qui engendrent des procès aussi nombreux que sans fin.

Lisez le tableau qu'on faisait de cela bien avant la guerre, et vous verrez si la condition des patentables comportait alors des aggravations de 50 et de 100 0/0 à l'endroit de l'impôt?

« Notre patente, déclare à cette époque un fort grand industriel qu'il est inutile de nommer, est de 1,380 francs, c'est-à-dire vingt-deux fois plus forte que celle de l'établissement C plus haut cité, lequel est cependant plus important que le nôtre de 1,000 métiers. »

Cette fabrique belge était imposée, en effet, à 465 fr. 77 c. au lieu de 10,000 francs et plus, comme en France. — Aussi, l'industriel du Nord auquel on vient de faire allusion, conclut-il à ce que la législation des patentes soit largement « révisée, » de façon à faire disparaître les abus, les conflits nombreux portant sur la valeur locative. C'est au point qu'il existera de ce chef 9,000 procès dans le seul département du Nord et lesquels attendent leur tour devant le Conseil de préfecture en 1869. Ce qu'il y a de mieux, c'est que l'administration, toujours condamnée sur ce point, notamment en 1838, où le Conseil d'État dut lui donner tort, n'abandonne pas ses prétentions. — « Elle abuse en cela de notre éloignement pour les procès longs et ennuyeux, remarque le fabricant qui déposait ici dans l'enquête. » Aussi, la Chambre de commerce de Lille demande tout d'une voix la révision de la loi des patentes, surtout en ce qui touche « les valeurs locatives. »

Et c'est cette même valeur locative que la loi du 29 mars s'en vint élever du 20e au 15e et du 15e au 10e.

On n'est pas plus malheureux.

Remarquons que la fiscalité dans ce système frappe et reprend jusqu'à trois fois la même matière imposable : 1° Il y a l'impôt foncier qui s'occcupe de grever l'immeuble avec tout ce qui y est attaché « par destination ; » 2° il y a l'impôt mobilier et personnel qui frappe l'habitation proprement dite ; et cette même habitation vient encore se confondre avec le loyer industriel pour en grossir le chiffre d'autant, c'est-à-dire accroître le droit qui pèse sur la valeur locative. En telle sorte, que le même article sera touché quatre fois par l'impôt.

Que l'habitation des associés puisse en outre être considérée comme une annexe du siége « social, » et voilà des droits proportionnels qui grossissent une patente déjà rendue plus lourde par le poids qu'elle tire de l'impôt multiple.

Chacun sait d'ailleurs combien est fautif cet élément du droit proportionnel qui repose sur la valeur locative. Là serait le « signe extérieur » du chiffre des affaires, mais « les grands locaux » par fois si nécessaires ne mesurent pas toujours le rang et les profits d'une exploitation. Ils sont une charge bien plus qu'une source de gain proportionnel. Nul n'ignore que dans le commerce l'on peut suffire à tout avec des frais de location relativement moindres. Tout cela est très variable. D'où l'impôt qui prit le loyer pour base fatalement disproportionnel. En Belgique, l'on part du nombre d'ouvriers, ce qui est infiniment plus rationnel et moins sujet à contestation. On fait bien un peu de cela chez nous, seulement le loyer compte double.

Dans la fabrique elle-même, il y aurait à distinguer. Est-ce que le coton, avec ces 100 millions de kilogrammes sur lesquels on opère annuellement, tandis que dans la soie il s'agit de 24 millions en poids pour une valeur égale, n'exige pas des locaux et des machines en nombre presque double? L'on a calculé que l'impôt agit dans un cas comme 5, tandis que, dans l'industrie cotonnière, il ressortirait à six ou huit par l'étendue « des locaux » et l'importance de l'outillage rendue nécessaire. Ceux qui l'affirment sont des industriels d'une grande expérience dont la parole n'a jamais été suspectée.

Voilà comment ce droit prétendu « proportionnel » n'en aura bien souvent que le nom. — De là, les plus choquantes disparates, outre que l'on confine incessamment à l'arbitraire.

Il faut que la fiction disparaisse; il faut qu'elle cède la place à la réalité pour imposer dans l'ordre industriel le producteur, en raison, non des charges qu'il subit et supporte, ce qui est anormal, mais en proportion des bénéfices. Là seulement est la raison avec l'équité.

On sembla si bien le comprendre, que par l'effacement « du maximum, » en dernier lieu, la loi créait deux droits « proportionnels » et faisait disparaître « le droit fixe, » alors qu'à l'origine ces deux droits durent, dans la pensée du législateur, se faire équilibre, ou comme on l'a dit naguère, « se corriger » l'un l'autre. Voilà donc le système, attaqué jusqu'en ses fondements, dénaturé.

Il faut faire un pas de plus, et mesurant l'impôt aux bénéfices, mettre enfin dans la loi la vérité qui est dans les choses. Ce jour-là, l'impôt pèsera d'un poids égal sur chacun; il se fera de tous accepter, outre qu'il produira davantage.

En résumé :

« Principal » de l'impôt grossi de 45 0/0, de 63 0/0, de 82 0/0, de 101 0/0, suivant la classe dans laquelle est rangé le patentable;

Accroissement qui participe à la fois « du droit fixe » et « du droit proportionnel » d'où l'impôt devenu « double » de ce qu'on pensait;

Centimes additionnels portés à 1 fr. 209 pour 1873, soit plus de moitié s'ajoutant, dès 1871, au chiffre de la patente comme pour les égaler « au principal » quand l'impôt immobilier reste tout près de là le même.

— Chiffre d'affaires notablement réduit; ici 1/4, plus loin 1/3 sinon moitié moins, quand l'impôt pèse double, vu les taxes nouvelles qui grèvent spécialemet par ailleurs le Commerce et l'Industrie, « la marchandise; »

Bénéfices moindres sinon nuls par la place relativement plus grande que tiennent « les frais généraux » l'impôt s'étant demesurément accru.

— Imposition qui porte, non plus sur le revenu du Commerce, mais sur le capital, là où l'épargne se fait plus rare.

En temps ordinaire, il est telle industrie, tenant une grande place dans la consommation courante à laquelle l'impôt tel qu'il est constitué prendrait 20 à 30 0/0 de ses bénéfices, — *quand il y a des bénéfices.*

— La patente rendant chaque jour davantage : 106 millions en 1872 et non 37 comme en 1844, soit environ le triple;

L'impôt s'ajoutant ainsi sans cesse à l'impôt : 1844-1850-1858;

Le nombre des patentés augmentant dans le même temps de moins d'un 9e : 1,334,000, chiffre de 1847 en face de 1,487,000 de 1870, soit 152,000 en plus;

Les facteurs du Commerce et de l'Industrie devenant dès lors 10 au lieu de 9, tandis que la charge qui pèse sur eux va du simple au triple dans le même temps :

La moyenne de la patente ressort dans ce système à 44 au lieu de 26.16 comme en 1847, d'où 66 0/0 en plus ira.

— Les charges de la propriété immobilière, non-seulement n'augmentant pas à côté de là, mais se réduisant par 27 millions, en 1850, d'une somme qui représenterait aujourd'hui en capital seulement plus de 600 millions;

Dans le malheur commun contrairement à ce qui aura lieu aaparavant, les patentés SEULS forcés en recette et SEULS appelés à réparer de publics désastres alors qu'ils représentent dans l'impôt direct le petit nombre;

1 continuant à contribuer comme 3 ou 4, alors que 4 paient à peine comme 1.

— La contribution des patentes, aussi mal assise qu'inégalement répartie, d'où des écarts de 25 à 30 0/0 entre des industries qui se touchent;

« La valeur locative, » base ordinaire « du droit proportionnel » mesurant trop souvent ces écarts, outre des difficultés, des procès aussi nombreux que longs.

— L'impôt reprenant jusqu'à trois et quatre fois dans l'industrie la matière imposable, à la différence de ce ui a lieu ailleurs dans la contribution directe : cote foncière, si le propriétaire a fait de l'immeuble qui lui appartient le siége de son exploitation; — loyer industriel, calculé sur l'importance du local et de l'outillage; — cote mobilière et personnelle, enfin, qui a son « rôle » à part et dont l'élément est frappé *deux fois*, puisqu'on ne distrait pas le loyer d'habitation du loyer industriel.

— Doubles, triples, quadruples aggravations, enfin, résultant pour un certain nombre de patentés de l'action combinée de deux lois qui effacent, d'une part, « tout maximum »; 2° qui élèvent par ailleurs « le droit fixe » d'un 5e; 3° qui changent en 15e et en 10e, un peu plus loin, « le droit proportionnel » assis sur la valeur locative; 4° qui ajoutent enfin, pour couronnement, 60 centimes « au principal!! »

Si la patente pesait déjà si lourdement avant la

guerre, sur l'Industrie et sur le Commerce, que l'étranger pût leur faire la plus rude concurrence, — comment, à ce compte, la lutte serait-elle à l'avenir possible ?

CONCLUSION

—

Ce qui ressort de cet exposé, le voici :

1° L'impôt qui élevait naguère le chiffre de la patente, soit par voie de simples centimes additionnels, soit en ajoutant cette nouvelle charge à celles qui avaient déjà modifié en l'aggravant « le principal » est, de tout point, « excessif. »

Où le bénéfice fut peu de chose, sinon nul, cet impôt s'attaque, non au revenu, mais « au capital, » l''épargne se faisant chaque jour plus rare.

En temps normal, la patente pèsera d'un tel poids sur les utilités de second ordre, — Habillement, Lingerie, Bâtiment et tout ce qui s'ensuit, Ameublement, — qu'elle peut entreprendre à concurrence de 20 ou 30 0/0 les bénéfices, — QUAND IL Y A BÉNÉFICE.

Si l'on faisait le compte des chômages, des mortes saisons, des crises financières et autres qui réduisent notablement la marge de ces profits; si l'on songe aux années dites « blanches » qui se succèdent au lendemain de certains ébranlements dans l'ordre politique, on aura l'idée de ce qu'a de particulièrement ingrat et peu sage le lot fait par cette contribution exceptionnelle à des industries qui occupent tant de place dans les échanges.

2° Ces nouvelles charges, par cela même qu'elles sont le partage EXCLUSIF d'une classe de producteurs, violent le principe de l'égalité des contribuables devant l'impôt.

Cela est d'autant plus « blessant, » au point de vue de l'équité, que cette classe est relativement peu nombreuse en même temps qu'elle constitue la véritable force, la richesse des Etats dans l'ordre moderne.

3° Le droit « proportionnel » et qui repose sur « la valeur locative » frappe inégalement les diverses classes de patentés. Ce droit est par essence « disproportionnel, » vu qu'il part beaucoup plus, dans une foule de cas, de ce qui constitue une CHARGE que de ce qui implique un BÉNÉFICE.

4° Cet impôt demande, en outre, à l'industriel qui souffre le premier des exigences du propriétaire, un excédant de contribution résultant de « la plus value » dont un autre profite. — Mais à qui revient le PROFIT devrait par cela même incomber la CHARGE.

5° Cet impôt attaque enfin, à diverses reprises et sous une foule de formes, « la matière imposable, » ce qui constitue un flagrant abus, une injustice. Il est d'ailleurs la source de nombreuses difficultés dans la pratique.

6° Ce n'est point par des atténuations où des révisions sans portée qu'on donnera satisfaction aux plaintes légitimes qu'ont soulevées les aggravations dont la patente fut ainsi par deux fois l'objet. Les améliorations que cet état de choses réclame ne peuvent résulter que d'une complète REFONTE. — Il faut que tous les impôts comptent désormais ensemble.

Ou la PÉRÉQUATION dans l'impôt — ou l'UNITÉ.

Il ne faut pas que l'ordre industriel tout entier puisse plus longtemps souffrir de semblables écarts.

Là où réside ce qui donne la force et ce qui contribue puissamment à l'accroissement du revenu public par l'essor imprimé à la production, — là doivent aussi se retrouver, en matière d'impôt, les plus grands ménagements.

APPENDICE

—

Nous recevons à la dernière heure un relevé fort bien fait, et de tout point exact, de l'état de la patente à Bordeaux. C'est ce qui nous empêche de le faire figurer à sa place. Cet état fournit les chiffres ci-après, qui confirment entièrement les appréciations dont on est parti :

BORDEAUX — PATENTES DE DEUXIÈME CLASSE

MARCHANDS EN DEMI-GROS

	1871	1873	
Papetiers.........	504 67	814 93	En plus 310 = 61 .. 0/0
Id.	396 37	620 91	224 = 56 56
Merciers..........	417 33	659 70	242 = 57 79
Marchands de laines	408 88	644 21	236 = 57 84
Marchands de tissus	751 02	1.280 62	529 = 70 ..
Id.	375 50	582 09	207 = 54 20
Epiciers..........	376 15	566 86	190 = 50 60
Id.	375 53	582 09	207 = 55 ..
Id.	333 78	504 47	171 = 51 13
Quincailliers	559 67	923 60	364 = 65 ..

Il est facile de voir par ce simple aperçu : 1° que les départements ne se ressentent pas moins que Paris dans la partie moyenne du Commerce de l'extension qu'a prise en dernier lieu le chiffre de la patente ; 2° que l'impôt affecte ici comme ailleurs un caractère on ne peut plus « disproportionnel. » C'est tout un système à reprendre par la base. Bordeaux présente cette particularité que la moyenne des charges nouvelles donnerait un chiffre relativement plus fort que Paris : cela dépasse, en effet, de beaucoup 50 0/0.

L'auteur doit saisir cette occasion d'adresser un remerciement sincère aux personnes dont il lui a été ici permis d'utiliser les communications.

TABLE DES MATIÈRES

Paris. — Imprimerie CH. SCHILLER, 10, rue du Faubourg-Montmartre.

OUVRAGES DU MÊME AUTEUR

Le Sol et la Haute Banque OU LES INTÉRÊTS DE LA CLASSE MOYENNE. — Paris, 1850.

La Monnaie de Banque OU L'ESPÈCE ET LE PORTEFEUILLE. — Paris, 1857-1863.

La Bourse de Paris. — MARCHÉ LIBRE ET MARCHÉ RESTREINT. — Paris, 1859.

Les Circulations en Banque OU L'IMPASSE ET LE MONOPOLE. — Paris, 1865.

Devant l'Enquête, A PROPOS DE L'ADMISSION TEMPORAIRE EN FRANCHISE. — Paris, 1870.

Paris. — Imprimerie CH. SCHILLER, 10, rue du Faubourg-Montmartre.

www.ingramcontent.com/pod-product-compliance
Ingram Content Group UK Ltd.
Pitfield, Milton Keynes, MK11 3LW, UK
UKHW021148220726
13924UKWH00003B/1067